ANALISI TECNICA
PER FOREX SPIEGATA

WAYNE WALKER

Indice

INTRODUZIONE

Congratulazioni per aver acquistato la tua copia personale di *Analisi tecnica per Forex spiegata*. Questo libro ti darà tutti i mezzi per cominciare a usare l'analisi tecnica nel trading valutario, adottando tutte le strategie correlate. Esamineremo anche diversi indicatori di analisi tecnica che possono aumentare la tua capacità di fare profitto.

Il libro tratta soprattutto di analisi tecnica, però l'analisi tecnica non funziona in un ambiente vuoto, ci sono molti altri fattori in gioco quando si fa trading. Cominciamo con una breve panoramica del mercato valutario, dato che questo libro tratta di analisi tecnica per Forex (*se* sai tutto ciò che c'è da sapere sul Forex, puoi saltare queste prime pagine e andare direttamente alla sezione sull'analisi tecnica).

I capitoli finali esplorano delle tattiche di trading strategico che puoi cominciare a usare immediatamente, insieme a una sezione su come passare dal trading simulato a quello reale in diretta. La sezione sulla transizione si è dimostrata vantaggiosa per trader di ogni tipo, dai novellini ai più esperti, che facevano trading da più tempo. Per chi va di fretta, la "Guida rapida all'analisi tecnica per trading", anche essa nei capitoli finali, ti consentirà di cominciare a fare trading quasi subito. Molte delle tecniche di trading rapido sono state usate dai miei studenti in passato per vincere la competizione di Nordic Trading Competition in Europa.

Ci sono molti libri sul mercato, grazie per avere scelto questo.

CAPITOLO 1
Foreign Exchange

Cos'è Forex? Molte persone lo chiamano FX. È il mercato più liquidò al mondo, con scambi quotidiani per oltre 4000 miliardi di dollari. E ora, che si tratti di 4400 o di 4005 100 miliardi non è così importante, il punto è che tantissime persone scambiano valuta in Forex. Si tratta senz'altro del mercato più liquidò al mondo, nessun altro gli si avvicina. Per esempio, una giornata di scambio valutario corrisponde all'incirca a due o tre mesi di volume di scambi al New York Stock Exchange (NYSE).

Si tratta di un mercato non regolato, non esiste un ente centrale di scambio. Tutti i parametri e le regole del trading vengono determinati tra le parti, senza un'autorità centrale, un centro Forex. Gli scambi avvengono 24 ore su 24, su cinque giorni feriali dalle 5 del mattino a Sydney (Australia) alle 17 del venerdì a New York (USA). Per molte persone, questa componente oraria senza sosta è un vantaggio rispetto ad altri mercati, per esempio al mercato azionario, che deve rispettare degli orari di apertura e di chiusura, di solito dalle 9 alle 17, dalle 8 alle 16, o dalle 8 alle 17 a seconda del paese. Se lavori o gestisci un'attività, poter fare trading prima o dopo il lavoro è un vantaggio, un altro motivo che attira così tante persone al mercato valutario (Foreign Exchange).

Centri Forex e partecipanti

Parlando dei luoghi in cui si forma il volume d'affari, i centri maggiori sono Londra, New York, Tokyo, Singapore, più Francia e Germania, che ora fanno parte dell'a zona Euro. Svizzera, Hong Kong e Australia coprono il resto delle principali valute. Poi ci sono le valute secondarie. Per esempio, Corona Danese, Corona Svedese, Dinar Iracheno, Shekel

Israeliano sono in questo gruppo. Noi ci concentreremo soprattutto su Euro, Dollaro USA, Sterlina Britannica, Yen e Franco Svizzero, non tratteremo molto le valute minori. Tuttavia, questa non è una regola o un tentativo di suggerire che non bisognerebbe scambiare le valute minori, perché per chi proviene da quei paesi, o per chi le ha studiate, o per chi le conosce meglio per qualunque motivo, sono senz'altro valute da considerare. Oltre a questi motivi, suggerirei di concentrarsi soprattutto sulle valute maggiori.

Banche commerciali

Queste banche agiscono a nome dei loro clienti, oltre a fare trading direttamente, speculando con i propri fondi bancari. Ciò significa che questi sono i protagonisti del trading, quelli che investono i soldi delle banche. Molte persone che lavorano in banca hanno il titolo di mediatore, ma quello che fanno veramente è eseguire una transazione. Per esempio, in una banca per cui ho lavorato, uno dei miei compiti era eseguire transazioni in quanto parte di una squadra di mediatori. Se un cliente voleva effettuare una transazione, telefonava dicendo: "Voglio comprare 10 milioni di euro". Allora io effettuavo a suo nome l'operazione.

Gli "hedge fund" o fondi speculativi sono attori nel mercato, investono e speculano. Però bisogna tenere presente che, per avere accesso a gran parte di questi fondi bisogna essere un investitore accreditato (con almeno 200.000 dollari di reddito o 1 milione di dollari in asset, esclusa la prima casa).

Speculazione privata

Poi ovviamente ci sono gli speculatori privati, come me, te e tutti gli altri. Poi ci sono le transazioni di ogni giorno, che avvengono con scambio di denaro fisico (le banconote). Il focus dell'Analisi Tecnica in questo libro sarà quello che cambiamo lo scambio valutario speculativo, che avviene sulle variazioni di prezzo, ma i due mercati, lo scambio di denaro speculativo e quello fisico, sfruttano le stelle leve di cambio.

EUR / USD since 1999

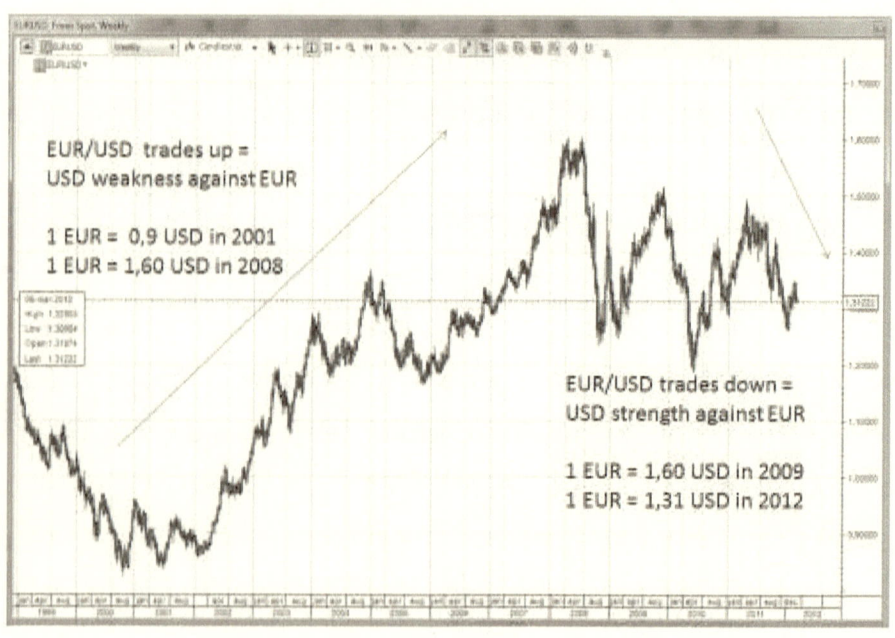

(Fluttuazioni Euro/Dollaro dal 1999)

Facciamo un esempio con il rapporto tra euro e dollaro: quando è stato fondato l'euro, per 1 € si ricevevano 90 cent nel 2001. Quindi in parole povere l'euro era più debole del dollaro. Ma se andiamo avanti al 2008, la storia cambia molto. L'euro è diventato molto più forte del dollaro.

Ovviamente questo rapporto cambia ancora: nel 2012 il rapporto tra euro e dollaro era di 1,31 e adesso è sceso ancora. Ecco un grafico delle variazioni di prezzo nel mercato valutario speculativo.

EUR/USD
1999 – 2012

EUR/USD 1,6000

EUR/USD 0,9000

INVESTOR IN EUROPE BOUGHT A HOUSE IN FLORIDA:

BOUGHT IN 2001:
PRICE USD 500.000 = EUR/USD 0,9000   EUR 555.555   USD declined
                                                          44% against the EUR from
SOLD IN 2008:   2001 to 2008
PRICE USD 500.000 = EUR/USD 1,6000   EUR 312.500

Per quanto riguarda il mercato fisico, anche questo mondo si deve adattare. Come si vede nel grafico precedente, facciamo l'esempio di una persona che vive in Europa e compra una casa in Florida, per vedere l'andamento dall'uscita dell'euro nel 2001. Il nostro acquirente compra una casa che costa mezzo milione di dollari, ma siccome l'euro era più debole del dollaro, deve pagare di più. In questo caso, il prezzo è di 555 mila euro per comprare la casa. Nel 2008, dato il crollo del dollaro, la stessa casa, che era costata oltre mezzo milione di euro, si poteva comprare per 312 mila euro. Una differenza enorme! Questo è

proprio il motivo per cui lo scambio valutario speculativo e la specu-
lazione fisica si incontrano.

Cosa muove davvero questo mercato?

Le voci, i dati economici, i rapporti finanziari, eventi fortuiti come
guerra, terrorismo, sono tutte cause di fluttuazioni sul mercato. Potrai
leggere più avanti nel libro una piccola sezione di analisi fondamentale.

Perché scambiare in FX?

Senz'altro conta la cosiddetta capacità di andare corti o lunghi. Andare
lunghi significa comprare, qualcosa che conosciamo tutti. Compri
qualcosa per un euro, per venderlo quando costa tre, quattro o cinque.
Molte persone conoscono questa dinamica, ci siamo cresciuti tutti, nel
trading. Ma con il mercato valutario c'è anche la possibilità di andare
corti: per esempio, puoi vendere qualcosa a cento dollari, se il prezzo
scende a cinquanta è fantastico, intaschi la differenza di cinquanta
dollari.

Poi c'è il legame relativamente basso con altre classi di asset. Il
mercato valutario è un mercato di valuta, risparmi personali o di altri,
semplicemente diverso dagli altri beni. Non sarà il mercato migliore,
non sarà il peggiore, è un altro modo per essere sul mercato. Ci sono
altre classi di beni, come le proprietà immobiliari, le merci, i titoli di
stato; la valuta è qualcosa di diverso.

Why Trade FX?

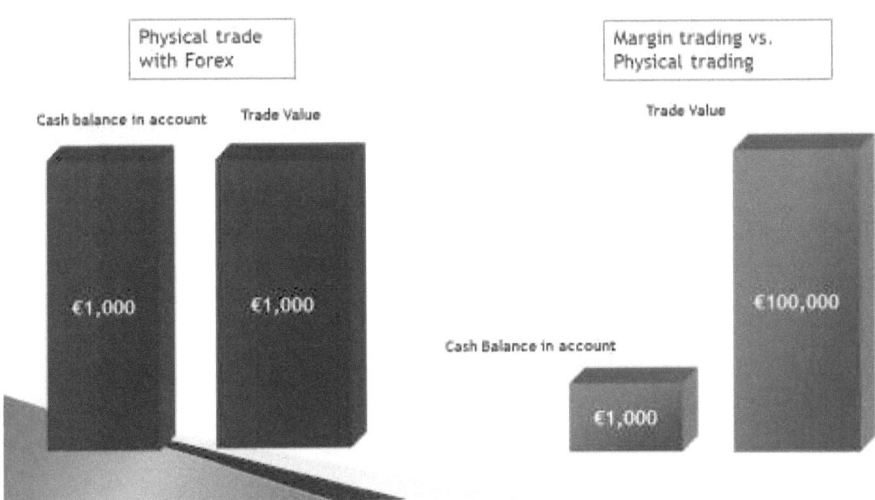

(Differenza tra Forex fisico e speculativo)

Per quanto riguarda lo scambio fisico di denaro, basta guardare il grafico sopra: sulla sinistra e c'è un saldo di 1000 €. La cifra massima che si può prelevare (l'esposizione sul mercato) è esattamente 1000 €. Si tratta di uno scambio alla pari, uno a uno, e lo stesso vale per le merci fisiche. Invece noi tratteremo la parte a destra del grafico, la negoziazione di margine. Alcuni la chiamano anche "posizione di leva" o "come se". Per esempio, se hai 1000 € sul conto, puoi investire su una posizione di 100.000 € o più, dipende dal tuo broker. Ciò significa che puoi fare profitto *come se* avessi 100.000 €, ma puoi anche subire delle perdite *come se* avessi 100.000 €. Ovviamente, la gestione del rischio è fondamentale con questo tipo di leve finanziarie. Per gestire meglio il rischio, ci sono i cosiddetti ordini a tre vie.

Terminologia di base

Valuta base: rappresenta la tua esposizione, è la valuta scambiata.

Valuta variabile: serve a calcolare profitti (P) e perdite (L). Per esempio, nel caso del rapporto Euro/Dollaro, la valuta base è l'euro e la variabile è il dollaro.

Basic FX terms

> EURUSD 1.5800
  1 EUR=1.5800 USD

> The Spread(Bid-Ask)

> Bid-Ask
  1.5800-1.5802
  0.0002(2 pips)

(euro/dollaro a 1,5800, significa per per 1 € ricevi 1,58 USD)

Lo spread: è la differenza tra prezzo di acquisto e di vendita, il modo in cui le banche guadagnano. Il prezzo di acquisto è di 1,5800 sulla sinistra, questo è quanto riceverai se vendi. Sulla destra c'è il prezzo di vendita, 1,5802, cioè quanto devi pagare per acquistare. In questo esempio, abbiamo uno spread di due punti base, questo è il margine di guadagno della banca o del broker.

Revisione base

Se vai lungo, devi comprare, se vai lungo a cinquanta, poi vuoi che il prezzo salga a cinquantuno, cinquantadue o anche oltre. Se vai corto e devi vendere, speri che il prezzo scenda. Se sei corto a cinquanta, speri che il prezzo scenda sotto i cinquanta per guadagnare. Se sei alla pari, significa che non hai alcuna esposizione sul mercato, le tue posizioni sono chiuse. Per chiudere una posizione lunga di mezzo milione di Euro, dovrai vendere mezzo milione di Euro. Così chiuderai la tua esposizione.

Altri termini di base

Cavo (GBP–USD): il rapporto tra sterlina britannica (GBP) e dollaro statunitense (USD), un rapporto molto usato tra i trader.
Svizzero (CHF): il franco svizzero.
Aussie/Australiano (AUD): il dollaro australiano.
Kiwi (NZD): il dollaro neozelandese.
Loonie (CAD): il dollaro canadese.
ZAR: il Rand sudafricano.
RUB: il rublo russo.
Zloty (PLN): la valuta della Polonia.
"Figura": termine usato per non dover pronunciare tutti gli zeri alla fine di un prezzo. In un sistema di quotazione, invece di dire "uno virgola due zero zero zero" (1,2000) si dice spesso "uno virgola due figura".

Stop out: indica la chiusura di tutte le posizioni, ti trovi in una situazione di stop out se non hai abbastanza fondi per coprire i margini richiesti dalle tue posizioni aperte.

CAPITOLO 2
Analisi Tecnica Pratica

I punto fondamentale per guadagnare con l'analisi tecnica è identificare le tendenze e fare trading di previsione. Le tendenze svelano dove è più probabile che si spostino i prezzi nel prossimo futuro. Se la tendenza del rapporto tra due valute è in salita, per guadagnare dovrai comprare. Se la tendenza nel rapporto tra due valute comincia ascendere, dovrai vendere per guadagnare. Se la tendenza del rapporto tra due valute è ambigua, senza una chiara direzione, dovrai inoltrare degli ordini subordinati (che non fanno trading immediato), oppure aspettare che la tendenza si chiarisca al rialzo o al ribasso, prima di fare trading. È sconsigliato andare contro tendenza, se decidi di farlo, in molti casi sarà un'esperienza costosa per **te**.

I trend normalmente non sono solo in rialzo o in discesa, con un andamento diretto. In genere si muovono in una direzione per un po' di tempo, poi recuperano una parte del movimento precedente prima di tornare nella direzione principale. Ogni volta che il rapporto tra due valute recupera muovendosi in direzione opposta, crea un nuovo valore massimo o minimo. Per esempio, nel Forex, ci sono nuovi massimi ogni volta che un rapporto valutario va al rialzo e poi rimbalza verso il basso. I nuovi minimi si formano quando una coppia valutaria è in ribasso e poi rimbalza riprendendo valore. Individuare massimi e minimi ti consente di identificare la tendenza al rialzo o al ribasso della coppia di valute, oppure la loro imprevedibilità.

Rialzo - I mercati in rialzo formano una serie di massimi e minimi sempre più alti.

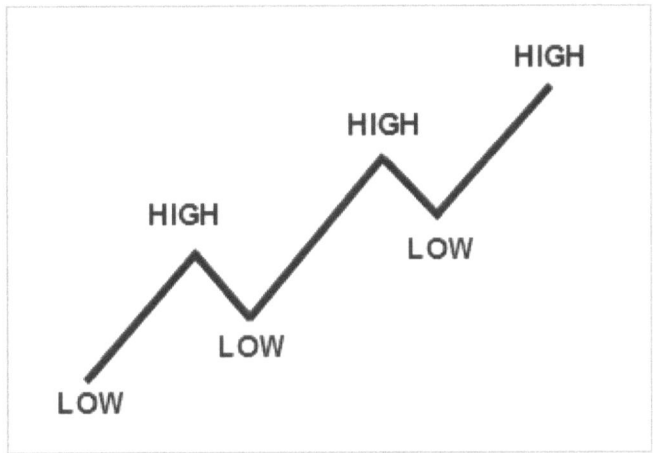

Ribasso – I mercati in ribasso formano una serie di massimi e minimi sempre più bassi.

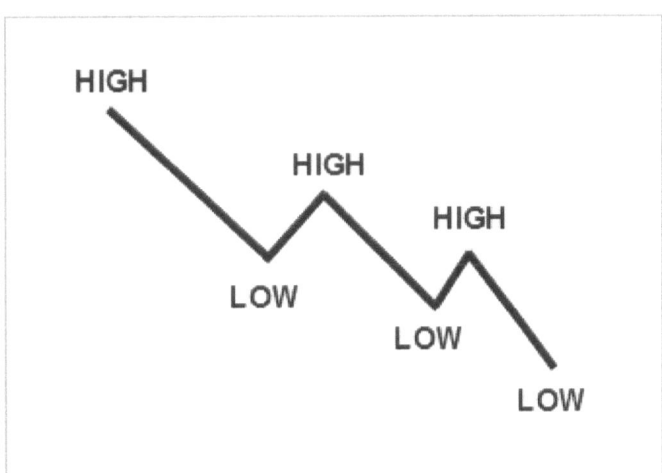

Instabilità – Le coppie di valute con un andamento imprevedibile formano una serie di massimi all'incirca allo stesso livello, lo stesso vale per i minimi.

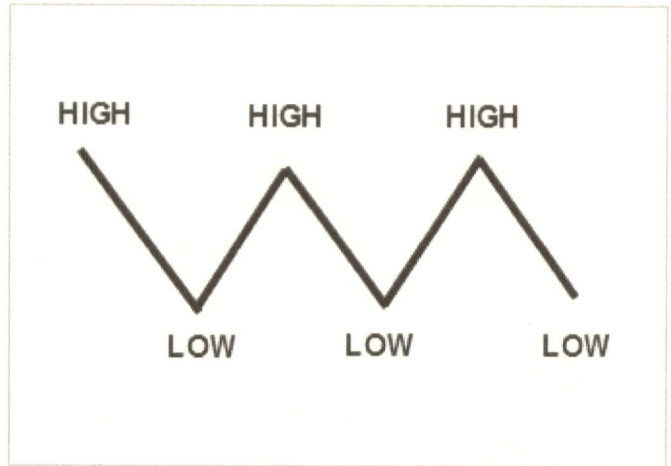

Trend – Che si tratti di tendenza al rialzo, al ribasso o instabilità, le tendenze si formano nel corso del tempo. Identificare la tendenza che seguirà in un certo periodo di tempo ed essere in grado di seguirla è fondamentale nell'analisi per avere successo nel trading Forex.

Grafico a candele giapponesi

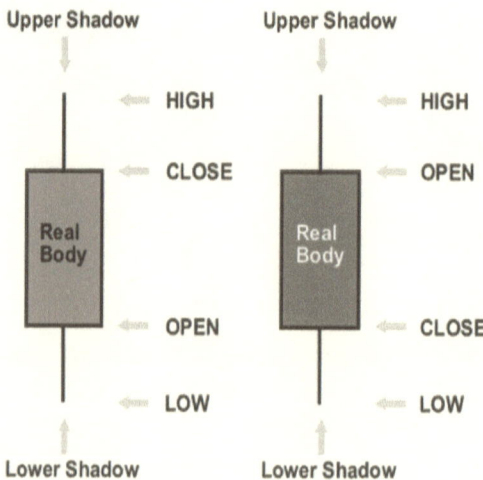

Cominciamo con la definizione di candela giapponese. Una candela giapponese è una linea su un grafico, rappresenta un punto e mostra minimo, massimo, apertura e chiusura per ciascun periodo.

Per esempio, in un grafico giornaliero, ogni candela giapponese rappresenta un giorno e mostra Massimo, minimo, apertura e chiusura di quel giorno. Su molte piattaforme, la candela giapponese rossa indica un prezzo di chiusura più basso rispetto al prezzo di apertura in quel periodo. Se invece la candela è verde, significa che il prezzo di chiusura è maggiore rispetto al prezzo di apertura in quel periodo.

CAPITOLO 3
Indicatori di Analisi Tecnica

D iamo un'occhiata agli indicatori di media mobile, RSI e Bande di Bollinger.

Prima di tutto le medie mobili, sono indicatori utili perché aiutano a individuare una tendenza. Questo è il punto fondamentale sul mercato valutario, e anche sui mercati derivati, in cui un mercato è vantaggioso sia che vada al rialzo, sia che vada al ribasso. Quindi dobbiamo solo identificare la tendenza. Per spiegare meglio, e la media mobile a cinquanta giorni riassume i prezzi di chiusura degli ultimi cinquanta giorni, divisa per cinquanta; si trova indicata nel diagramma con un punto per ogni giorno.

Grafico medie mobili:

Rivediamo alcune delle impostazioni base dell'indicatore medie mobili. Nel grafico sopra abbiamo impostato media a dieci e a cinquanta, quindi la media nel breve periodo è dieci giorni, nel lungo periodo è cinquanta giorni. Chiama se la media nel breve periodo è superiore alla media nel lungo periodo, la tendenza è considerata al rialzo. Se la media a breve è inferiore alla media a lungo periodo, allora la tendenza è considerata al ribasso. Se vedi nel grafico che la tendenza a breve e supera la tendenza a lungo, potrebbe essere un indicatore iniziale di inversione di tendenza.

Con le medie mobili, i segnali di vendere e acquistare sono generati dal prezzo che supera verso l'alto o verso il basso la linea della media mobile. C'è un termine che si usa spesso nel gergo dell'analisi tecnica, cioè *golden cross* o *incrocio dorato*. Questo termine indica che la media a breve termine supera verso l'alto quella lungo termine. Nell'esempio che abbiamo dato, abbiamo considerato dieci giorni e cinquanta giorni, ma potrebbero essere venti e trenta, quindici e diciassette, dipende dal trades e dallo strumento di trading.

Indice di forza relativa (RSI)

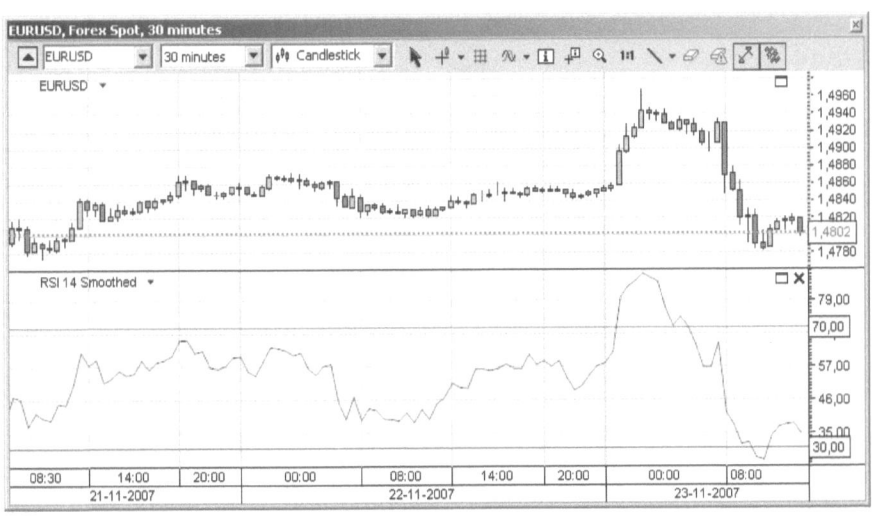

Il grafico RSI si vede sotto il grafico EURUSD.

L'indice RSI, che indica la forza relativa, si usa per identificare sul mercato una posizione troppo comprata o venduta (siano azioni, valute o altro). L'indice può andare da zero a cento. Il valore di RSI corrisponde più o meno all'andamento del grafico, dovrebbe essere così. Se l'indice scendo sotto trenta, significa che il mercato ha venduto troppo. Se l'indice sale sopra il settanta, significa che il mercato ha comprato molto. Ricorda che queste indicazioni non danno comunque alcuna garanzia. Infatti un mercato può rimanere "ipervenduto" o "ipercomprato" per molto tempo. L'indice RSI è un indicatore importante, comincia a dare segnali prima ancora che cominci una tendenza.

Bande di Bollinger

Le Bande di Bollinger sono uno strumento usato da molti investitori e trader, per considerare altri aspetti di Analisi Tecnica sulle posizioni aperte. Servono a misurare la volatilità del mercato. Le bande definiscono i limiti superiore e inferiore dell'intervallo di trading. Guardando le bande su un grafico (come quello sopra), si vedono una banda superiore e una inferiore. Lo spazio tra la banda superiore e quella inferiore è indicato da molte persone come il canale di compravendita. Si usa lo spazio tra le bande per avere un'idea della situazione nell'arco dell'intervallo di compravendita. Se si è vicini al massimo, ci si avvicina al livello di resistenza ed è probabile che il prezzo tenda a recuperare (con un'inversione di direzione del mercato). Se si è vicini al minimo, probabilmente si arriverà a un livello di supporto per un prezzo su cui il mercato poi andrà a recuperare. Per la maggior parte del tempo, i prezzi rimangono all'interno delle tue bande. Se il prezzo comincia a sfondare, viene preso come un segnale di cui tenere conto.

Capire i livelli di supporto e resistenza

Il livello di supporto è il prezzo sotto il quale lo strumento scambiato ha avuto difficoltà storiche ad andare. Per esempio, se c'è un supporto a 1,4380, su un grafico si può vedere che il mercato è arrivato fino a quel livello varie volte, senza mai scendere oltre, quindi nel gergo dell'analisi tecnica questo viene considerato un livello di supporto.

Il livello di resistenza è esattamente il contrario, il prezzo che lo strumento scambiato ha difficoltà a superare.

Chart patterns similar to the letters M & W

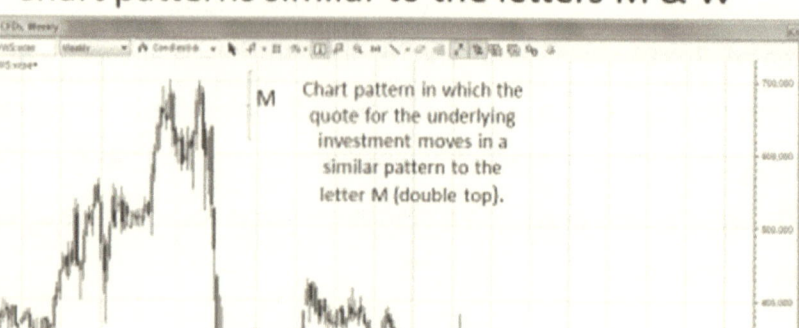

Grafico con indicazione "W" per doppio minimo e "M" per doppio massimo

I grafici mostrano quando il prezzo dello strumento di trading si muove seguendo uno schema simile alla lettera "W" (doppio minimo) o alla lettera "M" (doppio massimo). L'analisi del doppio massimo e del doppio minimo è usata in analisi tecnica per spiegare i movimenti in sicurezza o in altri investimenti, può essere usata come parte di una strategia di trading per sfruttare gli schemi ricorrenti. Un doppio minimo è un doppio massimo sono entrambi schemi di inversione di tendenza.

Un **doppio minimo** tende a verificarsi dopo una forte tendenza al ribasso, indica che sta per arrivare una tendenza al rialzo. i "minimi" sono come delle valli che si formano quando il prezzo arriva a un certo livello di supporto senza riuscire a romperlo. Dopo aver raggiunto questo livello, il prezzo rimbalza leggermente prima di tornare a testare il livello. Se il prezzo rimbalza sul supporto una seconda volta, si forma un doppio minimo. Se il secondo minimo non riesce a rompere il minimo precedente, questo è un forte segnale che sta per avvenire una fase di recupero. Nel valore massimo tra i due "minimi" c'è un "rimbalzo". Quando si verifica un doppio minimo, puoi pensare di piazzare il tuo ordine al di sopra del "rimbalzo", perché ti aspetti che la tendenza cambi al rialzo.

Un **doppio massimo** si forma di solito dopo una tendenza estesa al rialzo, indica che il ribasso potrebbe essere imminente. I "massimi" sono dei picchi che si formano quando il prezzo arriva a un certo livello di resistenza senza riuscire a superarlo. Una volta raggiunto questo livello, il prezzo rimbalza leggermente, ma poi torna di nuovo a testare il livello. Se il prezzo torna a scendere, si forma un doppio massimo. Se il secondo Massimo non riesce a superare il primo, questo è un forte segnale che sta per esserci un'inversione di tendenza. Nel punto più basso tra i due massimi si forma una "rimbalzo". Quando si verifica un doppio Massimo, puoi pensare di inserire il tuo ordine quando il prezzo scende sotto il valore di "rimbalzo", perché ti aspetti che la tendenza cambi al ribasso.

CAPITOLO 4
Analisi Tecnica O Fondamentale

Vediamo ora di esaminare la differenza tra analisi tecnica e analisi fondamentale. Questo è un argomento che spesso è fonte di dibattito in particolare tra i trader. Da un lato ci sono i tifosi dell'analisi tecnica, dall'altro i tifosi dell'analisi fondamentale, tutti si litigano il merito di aver scelto l'analisi migliore. Rivediamo insieme quali sono i vantaggi di ciascuna.

Analisi Tecnica significa usare degli indicatori tecnici, per esempio le medie mobili, che aiutano a identificare una tendenza, magari anche altri indicatori, per esempio l'indice RSI (Indice di Forza Relativa) per vedere se il mercato è "iper-venduto" o "iper-comprato".

L'analisi fondamentale prende in considerazione, per esempio, nel mercato azionario, il trading di amministrazione, la quota di mercato di un'azienda, la linea di prodotti, il rapporto tra prezzo e utili (P/E). Questi fattori sono importanti quando si investe in azioni. Per quelli che chiamiamo investitori istituzionali, e l'analisi fondamentale è tutto ciò che conta, per loro questo è il modo migliore per arrivare a una decisione di trading. Il punto di vista mio e dei miei colleghi su questo argomento è che dipende davvero.quando dico dipende, intendo dipende dai periodi che scegli.

Diciamo che fai trading ogni giorno, cioè apri e chiudi ordini di scambio nello stesso giorno. O magari puoi andare all'estremo facendo "scalping" o addirittura arrivare allo "scalping estremo" con operazioni che durano solo pochi secondi. In questi casi, con questo tipo di trading così aggressivo, e usare l'analisi fondamentale sulle azioni dell'azienda e sullo sviluppo dei prodotti non servirà a molto, perché l'arco temporale è di pochi secondi. Però se ci mettiamo in uno scenario opposto, con degli investimenti più duraturi nel tempo, che includano posizioni da tenere per almeno un anno, se non di più, allora decidere i tuoi investimenti seguendo le variazioni di mercato da un minuto all'altro, cioè con strumenti di analisi tecnica, non è la scelta più saggia: è una situazione in cui queste tecniche non valgono più. In realtà l'analisi tecnica e l'analisi fondamentale non sono in antitesi tra di loro, dipende tutto dalla scelta temporale degli investimenti. Una volta deciso il periodo di tempo su cui investire, questo determina anche gli strumenti più adeguati. Per fare trading nel breve termine, lo strumento principale sarà l'analisi tecnica, mentre per movimenti a lungo termine bisogna usare l'analisi fondamentale, perché per un orizzonte così lungo servono più dati.

Calendario economico (un assaggio di analisi fondamentale)

Diamo un'occhiata rapida ai rapporti di mercato che contano di più.banche centrali, CPI, retribuzioni non agricole, edilizia residenziale.

Banche centrali: ci sono FOMC, BOE, BCE. I mercati seguono attentamente questi incontri, soprattutto per la Federal Reserve e la Commissione sui Mercati "Federal Open Market Committee-FOMC" (per gli Stati Uniti). Chiaramente, Bank of England-BOE (Gran Bretagna) e Banca Centrale Europea sono molto importanti, con incontri e rapporti da tenere presente. Gli incontri avvengono una volta al mese per determinare le politiche monetarie delle relative valute. Ultimamente l'attenzione si è concentrata molto sulla Banca Popolare Cinese, perché ovviamente questa banca è diventata molto influente nei mercati finanziari.

Perché è importante? Le modifiche nei tassi di interesse interessano a tutti, dagli strumenti finanziari alle obbligazioni, senz'altro il mercato azionario, ma la chiave di questi rapporti o di qualunque rapporto economico è se queste decisioni sono diverse dalle attese di mercato. Per esempio, se ti aspettavi un taglio di 25 punti base nel tasso di interesse e l'annuncio è proprio di un taglio di 25 punti base, allora ci saranno dei movimenti di mercato, ma niente di così drammatico, perché si trattava di un taglio già considerato nel prezzo di mercato. Se invece il mercato si aspetta un taglio di 25 punti base e arriva un taglio di 50 punti base, allora la differenza è notevole, quindi è probabile che i mercati si muovano come fuochi artificiali.

CPI: l'Indice dei Prezzi al Consumo misura il prezzo medio di un paniere di merci e servizi. In parole povere, segue il tasso di inflazione. Perché è importante? Negli Stati Uniti è senz'altro uno degli indicatori di inflazione più osservati. Altrove, ad esempio in Asia o in Europa, l'indice dei prezzi al consumo è sotto l'occhio attento del mercato, influenza i tassi di interesse sui prestiti, sui mutui, sulle obbligazioni, ecc.

Retribuzioni non agricole: questo è uno dei rapporti più importanti per chi fa trading.a indica il numero di lavoratori nelle aziende statunitensi. Viene escluso il settore agricolo. Perché è importante? Perché da un'immagine completa di quante persone lavorino, cerchino lavoro, di quanto guadagnino, praticamente uno scatto istantaneo del mercato del lavoro negli Stati Uniti.

Edilizia residenziale: misura la quantità di costruzioni residenziali avviate e ogni mese. Perché è importante? In poche parole, l'effetto a catena! Il mercato fa attenzione all'edilizia residenziale nazionale o estera, per l'inevitabile effetto a catena. La costruzione di case, di edifici o grattacieli, innesca un effetto a catena per tutta l'economia. E si possono vedere esempi di questo effetto nell'impiego di più persone per la costruzione, ma anche nell'economia dell'arredamento, delle utenze, perfino nello scambio di materiale, essenziale per la costruzione delle case. Chiaramente, questi effetti concatenati sono sempre considerati dagli economisti, che per questo seguono gli indici dell'edilizia residenziale.

CAPITOLO 5
Guida rapida all'analisi tecnica per trading

Arco temporale del grafico

L'arco temporale è il fattore più critico nella decisione di trading. Ogni decisione di comprare o vendere inizia <u>sempre</u> con l'arco temporale. Un segnale di acquisto o di vendita per un trader giornaliero è diverso dai segnali per trader a medio termine, molto spesso si tratta di segnali estremamente diversi per investitori a lungo termine. Gli esempi che useremo si basano su archi temporali a breve termine o giornalieri.

Trading giornaliero – Le posizioni si chiudono entro 24 ore.

Trading Swing – Le posizioni rimangono aperte alcune ore o al massimo alcuni giorni.

Per chi investe nel breve termine, la scelta giusta per impostare l'arco temporale di un grafico sono le oscillazioni di un'ora, con decisioni di compravendita basate sull'andamento del grafico su 15 o 30 minuti. Più corto è l'orizzonte di trading, più corto deve essere l'arco temporale del grafico.

Consiglio: uno dei molti vantaggi nell'usare archi tempo orali multipli nella tecnica di trading è vedere il mercato valutario dalla prospettiva diversa di molti tipi di investitori diversi. Guardando grafici sia a breve termine che a lungo termine, saprai sempre cosa seguono investitori a breve e a lungo termine. Così non rischierai di trovarti impreparato quando le variazioni di prezzo sono improvvise.

Nell'usare le impostazioni sopra, si consiglia di creare grafici per vari periodi di tempo diversi, lasciandoli aperti sulla piattaforma di trading. Così le operazioni diventeranno più efficienti.

Arco temporale e posizione nel canale di compravendita

Una volta deciso l'arco temporale, bisogna capire dove si trova il prezzo nel canale di compravendita (il canale di scambio, l'area tra la panda massima e la banda minima nelle bande di Bollinger). Se il prezzo si trova vicino al massimo del canale, significa che è vicino ha un potenziale livello di rimbalzo (il momento in cui il mercato cambia direzione). Quindi se prima stava salendo, potrebbe scendere improvvisamente. Un altro livello di rimbalzo potenziale è un prezzo che si trova vicino al minimo.

Cosa fare ai livelli di rimbalzo

In questi valori, il trading diventa un po' delicato. Solo perché siamo vicini al livello di rimbalzo, non significa che ci sarà un cambiamento di tendenza. Potremmo anche avere un superamento dei livelli (il mercato che supera la resistenza o scende al di sotto dei livelli di supporto). Un consiglio per decidere cosa fare è semplicemente riguardare il grafico dei movimenti passati del mercato (è salito o è sceso?) Quando il prezzo aveva raggiunto il livello attuale. Questo serve a vedere come si era comportato il mercato l'ultima volta che aveva raggiunto questo prezzo. Questo è un fattore importante, perché la "persona" al centro del mercato non sei tu. Per esempio, se il mercato era sceso, è più probabile che torni a scendere. Però questa NON è una garanzia, bisognerebbe conoscere anche i dati fondamentali (rapporti e dati economici), perché tutto potrebbe essere cambiato rispetto ai risultati dell'ultima volta.

Se non hai ancora una posizione aperta, con il mercato a un livello di potenziale rimbalzo, un modo per procedere è impostare un ordine di acquisto sopra il livello di rimbalzo. Quindi se il mercato rompe la resistenza, sei in affari. L'ordine di acquisto fa parte della tua gestione dei rischi, perché il denaro entra in gioco solo se l'ordine viene eseguito, diventando transazione.

Dopo aver capito dove si trova il prezzo nel canale di compravendita, dovrai fare attenzione all'indicatore di forza (RSI) per interpretarlo. Troverai trovare una corrispondenza tra l'indice e l'esecuzione del tuo ordine. Se l'indice esprime livelli di iper-comprato e sei vicino ai livelli di rimbalzo nelle bande di Bollinger, è un segnale che si potrebbe aprire una buona chance di vendita.

Segnali ideali per comprare

Come segnale ideale per comprare, l'indicatore RSI deve essere in alto rispetto ai livelli 30-40, con ottimo spazio per crescere. Allo stesso tempo, l'ideale è che il mercato sia vicino ai livelli minimi del canale di compravendita delle fasce di Bollinger.

Infine, se usi i grafici a candele giapponesi, bisogna che queste siano verdi (prezzi di chiusura in rialzo). Come vedi dobbiamo vedere le stesse indicazioni (in rialzo) dai nostri strumenti. Se le candele giapponesi sono rosse (prezzi di chiusura in ribasso) e siamo in iper-comprato (acquisti in eccesso) allora i livelli di RSI sono un segnale ambiguo. Ti dice di "aspettare" e di non intervenire finché la situazione non si sarà chiarita.

Segnali ideali per vendere

Un segnale di vendita ideale è semplicemente lo posto dei segnali descritti sopra. In altre parole, l'indicatore RSI deve scendere sotto i livelli 70-80. Allo stesso tempo, il mercato deve essere o scambiare vicino alla parte alta del canale nelle fasce di Bollinger. Infine, usando il grafico a candela, l'ideale è che queste siano sul rosso (prezzi di chiusura in discesa).

Concludere

L'ideale sarebbe eseguire una transazione quando la situazione è il più vicina possibile al prezzo ideale. Quando ci si trova in zone grigie o indefinite, suggerisco di utilizzare ordini Buy/Sell Stop. Gli ordini NON sono transazioni, quindi il denaro non viene investito finché gli ordini non vengono eseguiti. Questi ordini vengono piazzati vicino ai livelli ideali in cui si intende effettuare la transazione. Come ho già sottolineato varie volte, che sia la condizione perfetta o meno, è meglio usare sempre Stop Order: anche la ricerca migliore del mondo non garantisce che la transazione abbia successo e crei profitto.

Impostazioni per gli indicatori di analisi tecnica

RSI

Per l'indice di forza, RSI, l'impostazione standard di 14 va bene per tanti mercati FX, CFD o azioni. Però è in una situazione di trading aprire termine, trading quotidiano o Swing, 14 non va bene. Io suggerisco 7 per il trading Swing e 4 per il trading quotidiano.

Bande di Bollinger

Le impostazioni standard (20:2) sembrano andar bene per gran parte dei trader, io suggerisco di tenerle così.

Medie mobili

Noi usiamo le medie a 50, 100, 200. La media a 50 è il segnale di allerta, quella a 100 è utile per il breve termina, quella a 200 per il lungo periodo.

CAPITOLO 6
Tattiche di trading

Diamo un'occhiata alle cinque cause principali per cui chi fa trading va in perdita:

1. Aspettative impossibili. Un esempio di questo tipo potrebbe essere un conto bancario con 1000 €, da cui ci si aspetta di guadagnare 2000 € in un giorno, o anche entro una settimana.

2. Non avere un piano. Alcuni dicono che "senza un piano puoi solo fallire". Secondo la mia esperienza, per quanto ho imparato parlando con tanti nuovi investitori nel passato, ogni volta che chiedevo loro "perché hai fatto questa transazione?" molti erano sorpresi. Mi sono sentito rispondere "non ne ho idea" o anche qualcuno balbettava di un parente che gli aveva detto che era una buona idea...non esattamente la strategia migliore.

3. Troppo rischio. Ciò significa arrivare a usare tutta la leva disponibile.

4. Confondere trading con investimento, sono due cose completamente diverse. Per fare trading bisogna affidarsi molto sull'analisi tecnica, mentre per investire ci si può affidare sui principi dell'analisi fondamentale. Per esempio, gli investimenti sono fatti di solito in un arco temporale che va dai tre anni hai cinque anni, quindi è chiaro che gli indicatori fondamentali sono più importanti. Se effettui una transazione di pochi minuti, magari tenendo una posizione per cinque minuti, la tua analisi sarà guidata dall'analisi tecnica.

5. Trading eccessivo (overtrading) o scarso (undertrading)...lo vedremo tra poco.

Alcune soluzioni

Usare una parte minima della leva è fondamentale, garantisce che una brutta giornata non spazzerà via tutti i profitti. Poi bisogna osservare la regola d'oro del trading: "niente soldi, niente trading". Non ci sono altri modi per dirlo, se mancano i soldi, non si possono fare transazioni, quindi sarà il caso di avere sempre dei soldi a disposizione. Poi vengono i processi di ingrandimento (scale in) o di uscita (scale out), per cui bisogna ascoltare molto il mercato. Sì, prima di qualunque transazione, dovrai fare le dovute analisi, ma dopo aver fatto le analisi, dovrai ascoltare quello che dice il mercato. Ciò significa che se compri a cento e il mercato scende a novanta, ti sta dicendo qualcosa, ad esempio che devi diminuire la tua esposizione. Se compri a cento e il mercato sale a centodieci, centoventi, allora il mercato ti sta dicendo qualcosa, cioè di aggiungere esposizione.

Nel Foreign Exchange, conviene scegliere alcune coppie di valute e imparare a conoscerle bene. Non è necessario diventare esperto di quindici o venti coppie di valute, alla fine l'unico obbiettivo è guadagnare. Non è una gara a chi conosce più coppie di valute, anche se lavori a distanza, fai trading elettronico, usi algoritmi, in molti casi la tua attività sarà comunque molto specifica, ti concentrerai su cinque o sei coppie di valute diverse, non molto di più.

Molti mi chiedono quali sono le coppie giuste per fare trading, io in genere suggerisco: Euro su Dollaro, Dollaro su Yen, Cavo, Dollaro su

Svizzero, queste sono le coppie migliori per cominciare. Con queste coppie di valute, può capitare benissimo che ci siano variazioni anche di cento punti base. Il punto essenziale nel fare trading è che ci devono essere movimenti. Se effettui un'operazione e non succede nulla, quando hai già pagato lo spread, allora hai fatto un regalo al tuo broker o alla tua banca, e quindi devi trovare il modo di fare trading dove c'è movimento, azione. Tra le coppie di valute che ho citato, per cercare quella ideale da affrontare, puoi controllare come sono gli spread, chiaramente dove lo spread è più ridotto, potrei avere più margine, perché si riduce il costo della tua attività. Anche questo è un principio fondamentale, meno ti costa la transazione, più facile diventa guadagnare. Anche qui non è possibile girarci troppo attorno, devi concentrarti sulle coppie di valute in cui costa meno fare trading.

Nel caso di CFD e azioni, avanzamenti societari, annunci di profitti sono ottime opportunità di investimento per un profitto veloce. I prezzi tendono a muoversi nella direzione dell'annuncio. Per esempio, se la tua azienda preferita non raggiunge le aspettative di fatturato trimestrale, è molto probabile che le azioni scendano, quindi potresti aprire una posizione di corto.

Nel trading, vincitori e perdenti si scoprono abbastanza rapidamente, quindi dovrei cercare di eliminare le perdite il prima possibile. Il punto in cui fermare le perdite nel Forex (lo Stop Loss) è in genere tra i quindici e i venticinque punti base, a seconda del profilo di rischio. Su questo punto bisogna essere molto chiari: stiamo parlando di *trading*, non di investimenti. Se fai un investimento che punta a un arco temporale che va dai tre ai cinque anni, allora anche se non guadagni il primo giorno o la prima settimana non c'è niente di cui preoccuparsi. Ma se fai scambi che devono durare pochi minuti, al massimo un giorno, allora la storia è diversa. Nel caso del trading, bisogna eliminare le perdite il prima possibile.

Poi serve un piano di transazioni, con dei livelli di stop, dei livelli di profitto, gli importi attuali e le coppie di valute. Mi sembra un'impostazione molto basilare, però è proprio così: se vuoi fare trading nella coppia euro/dollaro dovrai occuparti proprio della coppia euro/dollaro. Eppure capita tutti i giorni, addirittura questo problema è stato soprannominato "dita grosse": vuoi intervenire nella coppia euro/dollaro e scrivi euro/yen, come potresti voler investire in British Airways e invece scrivi British Aerospace, succede davvero fin troppo spesso. Detto questo, fai attenzione al tuo trading per inserire gli ordini correttamente prima che vengano eseguiti.

News trading

Il news trading è un'opportunità di fare trading senza fare troppa attenzione agli altri. Certo, c'è un po' di pericolo, si rischia di scivolare, perfino di cancellare tutti i profitti. Scivolare significa semplicemente acquistare a cento, mettere uno Stop Loss a novanta e invece di uscire a novanta si esce a ottantacinque o a ottanta, o anche a meno.

Per preparare un news trading, circa mezz'ora prima di un evento, dovrai usare impostazioni dei grafici piuttosto strette (dai 15 ai 30 minuti). perché questa è una forma di trading aggressivo. Per inserire l'ordine, qualche punto sopra il prezzo attuale (quello degli scambi di quel momento) metti un ordine di Buy Stop. Qualche punto sotto metti un ordine di Sell Stop. Puoi anche usare come guida i livelli di resistenza e i livelli di supporto, a seconda del tuo profilo di rischio, oppure puoi semplicemente piazzare un ordine Buy Stop a un prezzo superiore e un ordine Sell Stop venti punti sotto.

Il punto di uscita ha di solito le dimensioni del range, l'intervallo di oscillazione. Per esempio, se il range è di trenta punti base, lo puoi usare come punto iniziale per trarre profitto o come limite. Alcuni trader lo usano solo se sono lunghi, con uno Stop Loss di venti punti base, per trarre profitto invece a cento punti base, a volte centoventi, a seconda dell'esposizione al rischio e del profilo personale. Anche in questo c'è spazio, se sei in una posizione di profitto, non devi incassare tutto in una volta, puoi uscirne gradualmente.

Soluzioni: undertrade e overtrade

Tornando ai termini undertrade e overtrade, un overtrade è un trader che non sa quando fermarsi, che prova a spillare tutto il possibile dal mercato. Invece un undertrader segue la regola del 2%, fermandosi a profitti anche bassi. Interpretando i vari comportamenti, si tratta da un lato di avidità, dall'altro di paura. La regola del 2%, comunque, dice di non rischiare più del 2% del saldo di un conto in qualunque transazione. Certo si può giocare un po' sul numero, 3% o 4%, magari anche 5%, ma andare oltre significa uscire dal seminato, violare le linee guida. La logica sottostante è che se usi solo il 2% o il 4%, puoi comunque *sopravvivere al fallimento*. In altre parole, puoi sbagliare completamente e continuare comunque a fare trading.

Ecco alcune soluzioni al rischio di over-trading o under-trading. Decidi un obiettivo di profitto per la giornata, se sei un over-trader ti dovrai fermare quando raggiungi il tuo obiettivo, se sei un under-trader dovrai continuare fino a raggiungerlo; ovviamente in ogni caso dovrai fermarti se raggiungi il limite di perdite, questo è un punto non trattabile. Infine, se i dati della tua analisi tecnica o fondamentale non sono molto chiari, oppure se sono confusi, hai anche il diritto di non fare trading.

CAPITOLO 7
Transizione dalla simulazione alla realtà

Questo è un argomento che preoccupa e interessa molti dei miei studenti, direi che interessa tantissimi trader simulati, in generale. Come passare da una situazione in cui hai un conto simulato a una in cui il conto è finanziato, quando devi depositare davvero dei soldi sul conto?

Ci sono alcuni passaggi. Primo: dovrai lavorare con quello che chiamo un saldo reale del conto. Ciò significa che, se decidi di iniziare a fare trading con cinquemila euro, duemila euro o anche diecimila, l'importo non è fondamentale, quello che conta e che è importante è che corrisponda al saldo iniziale che intendi avere. Se puoi cominciare con cinquemila euro, allora importa un saldo virtuale con lo stesso importo.

Per quanto ho visto personalmente in passato, con i nuovi trader, è che prima provano a fare trading simulato usando il saldo simulato standard di molte piattaforme. Questi saldi di solito vanno dai centomila ai duecentomila euro, così l'interessato fa molte transazioni da mille o duemila euro, poi apre un conto reale da diecimila euro, magari ventimila, o da cinquemila. Non c'è niente di sbagliato con questi importi, perché si tratta sempre di denaro, che siano diecimila o cinquemila euro. È sempre un importo importante, ma il problema ora è che il trader non ha mai fatto pratica con questi importi. Era abituato a muovere migliaia di euro, con saldi da cento o duecentomila euro, quindi non ha interiorizzato le cifre corrispondenti al suo futuro conto reale. Quando parlo di interiorizzare, intendo dire che quando fai trading, devi conoscere la sensazione di guadagnare o perdere rispetto al tuo saldo di apertura. Che si tratti di cinquemila o di diecimila euro, devi provare davvero la stessa sensazione mentale, anche fisica, di fare trading sul saldo reale. Una volta incamerato questo aspetto, quando sarà ora di passare a un conto vero e proprio, non sentirai più la differenza, garantito. Questo perché avrai fatto pratica sull'importo reale anche dei guadagni e delle perdite, saprai già cosa significa, ne conoscerai le sensazioni, quindi non cambierà nulla quando passi al trading reale! Trattare col tuo conto reale sempre ti sembrerà come trattare col tuo conto simulato, questo è il punto.

Da qui, il passaggio successivo è usare dimensioni di trading realistiche o possibili. Se hai cinquemila o diecimila euro sul tuo conto di apertura, allora la dimensione delle tue posizioni dovrà essere di cinquantamila, centomila, magari duecentomila euro. Questi sono importi realistici per quel tipo di saldo, per evitare di piazzare ordini da dieci o venti milioni, quando sai che non è qualcosa che faresti normalmente. Ovviamente, se ti trovi in una situazione compatibile, allora ottimo: potrei anche fare transazioni da cinque o dieci milioni, ma questa non è la norma di un nuovo trader medio.

Per completare la transazione a un conto reale finanziato, ovviamente dovrai avere un saldo positivo costante nel saldo del tuo conto simulato. Quando fai trading, non devi guadagnare ogni giorno, ma alla fine della settimana o in generale devi rimanere sempre in positivo, in guadagno, devi essere in attivo. Se non guadagni quando fai trading simulato, allora forse devi fare più pratica con il conto demo prima di pensare a giocarti soldi veri.

Tanto per ricapitolare, prima direi che la cosa più importante è avere un saldo realistico sul conto, per sapere esattamente quale sarà la tua reazione mentale e anche fisica ai guadagni e alle perdite, poi sposta posizioni con dimensioni realistiche, infine devi sempre andare in attivo e guadagnare sul tuo conto.

CAPITOLO 8
Scegliere il partner per fare trading

Cosa cerchi esattamente quando pensi di aprire un conto finanziato per fare trading? Prima di tutto ti servirà una piattaforma affidabile. Per me, affidabili significa che quando è ora di fare le operazioni che decidi, la piattaforma funzioni, significa anche poter ottenere dei prezzi interessanti (scambiabili), che ti permettano di comprare e vendere con facilità. Se fai trading con un broker che ha una piattaforma sua, ma la piattaforma si blocca più di qualche volta in un anno, allora forse sarà il caso di pensare di cambiare. Davvero non dovrebbe succedere che la piattaforma si blocca più di una volta in un anno, perché gran parte delle piattaforme non si interrompono mai.

Un altro aspetto da considerare è quello che chiamo buona liquidità sui numeri. Quando parlo di "numeri" intendo che devi seguire il trading sulle notizie, rapporti economici, rapporti sui tassi di interesse, le cifre dell'edilizia residenziale, ecc. Nel caso di molti trader, la strategia si basa più o meno sul trading che nel settore definiamo "sui numeri". Si tratta di un trading di mercato, che segue i rapporti notiziari, ma si può creare una situazione in cui avviene una stretta di liquidità. Un esempio concreto in cui serve una buona liquidità sui numeri: diciamo che la Bank of England annunci la sua decisione sul tasso d'interesse, ma quando cerchi di comprare o di vendere il tuo broker continua a ripetere gli stessi prezzi, o magari non ti lascia eseguire la transazione. Se ti succede regolarmente, dovresti pensare di cambiare broker, perché dovresti riuscire a fare trading anche sull'onda dei rapporti notiziari.

Infine, senz'altro dovrei consultarti con delle altre persone esperte, con degli amici, se hai degli amici attivi nel settore, per conoscere la loro esperienza con lo stesso broker. E perché di solito l'esperienza vera di come funzionano i broker si ha quando si fa trading davvero. Dovrai cercare di sapere come funziona quando devi trasferire denaro sul conto o dal conto. Come si sono trovati gli altri? È stata una procedura semplice e liscia, oppure c'è molta procedura, molte scartoffie, ti hanno mandato un sacco di email per completare le tue richieste?

Tanto per riassumere gli aspetti da considerare per scegliere un partner ideale per il tuo trading, dovrai trovare una piattaforma affidabile, con una buona liquidità sui rapporti di mercato, con un feedback positivo di altri utenti.

CONCLUSIONE

Grazie per essere arrivato in fondo al libro *Analisi Tecnica per Forex Spiegata*. Speriamo di averti fatto trovare molte informazioni utili e di averti fornito un'importante serie di strumenti necessari per raggiungere i tuoi obiettivi di trading usando l'analisi tecnica per Forex con ottimo profitto.

Adesso arriva il prossimo passo, cioè testare le tue abilità sul trading, mettere insieme il tuo capitale di rischio, per poter fare più trading. Così troverai tutta la motivazione che ti serve per avere successo.

Ho scritto molti altri libri su aspetti diversi del trading e sulle classi di asset, scopri se ti possono interessare!

PROFILO DELL'AUTORE

Wayne Walker è direttore di un'azienda di istruzione e consulenza sui mercati globali di capitale (gcmsonline.info). La sua esperienza come leader e coach di squadre di consulenti finanziari è pluriennale, ha gestito squadre vincenti nel Private Client Group, un Gruppo di Clienti Privati attivo sul Bench Mark Earnings (BME).